Tanja Braune

Chia-Kochbuch

Die besten Rezepte

kneipp verlag
WIEN

Inhalt

Vorwort 3

EINLEITUNG
Chia – die Pflanze 4
So hilft Chia der Gesundheit 6
Kochen mit Chia 12

REZEPTTEIL
Ein guter Anfang:
    Das Frühstück 13
Alles Chia:
    Von Tee bis Smoothie 23
Gesunde Sünden:
    Desserts 35
Süßes für Zwischendurch 47

Rezeptregister 62

Hinweis: Die mit  gekennzeichneten Rezepte sind vegan.

Foto: Limettenmilch-Oats (S. 14)

Wenn gesund so einfach ist

Ich bin wahrscheinlich Hunderte Male an Chia vorbeigegangen – ich hab's nie gesehen, und hätte ich es gesehen, wahrscheinlich nur mit Mohn verwechselt. Doch dann kam die Superfood-Zeit und jede Woche tauchten neue Gesundheitswunder auf. Erst waren's „nur" die heimischen Super-Koryphäen wie Beeren oder Kohl, schließlich kamen immer exotischere (Wieder-)Entdeckungen ins Super-Spiel. Auch ich saß damals in unseren Redaktionssitzungen und brachte immer wieder News aus der großen Superfood-Family und recherchierte auch für unser Magazin „Leben" darüber: von der Cranberry zur Gojibeere, dann Algen, Acai, Mangostane, Matcha, Hanf und schließlich Chia.

Meine Marmeladen-Leidenschaft war dann der letzte Schritt zum Fan. Eines Sonntags war das Marmeladenglas leer, also versuchte ich es: Ich pürierte Beeren, mischte Chia darunter, stellte sie in den Eiskasten und ging mit dem Hund eine Gassirunde. Als ich nach Hause kam, war die Marmelade fertig. Diese Marmeladen gehören bei uns daheim mittlerweile zum Standard, auch Chia-Pudding und -Porridge – na ja, eigentlich streue ich Chia fast überall drüber. Weil's so gesund ist, aber natürlich auch, weil gesund damit so einfach ist.

Chia – die Pflanze

Chia war schon um 3500 v. Chr. das Superfood schlechthin. Die Pflanze (Salvia hispanica L.) gehört zu den Lippenblütengewächsen (Lamiaceae) und wurde als Grundnahrungsmittel schon lange vor der spanischen Kolonisierung zur Zeit der blühenden Hochkulturen rund um Mayas, Nahua (Azteken, Tlaxcalteken und Tolteken), Inkas & Co in nahezu ganz Mittelamerika angebaut.

Die Chia-Pflanze sieht aus wie ein Mix aus Salbei und Minze, und mit beiden ist sie auch verwandt. Das einjährige, widerstandsfähige Kraut kann bis zu zwei Meter hoch wachsen und gedeiht besonders gut in trockenen und kargen Böden, Sandböden und Steingärten. Trockenperioden mag es, Staunässe und Frost nicht. Verwendet werden die etwa einen Millimeter großen, glänzenden, gräulichen, schwarzen oder weißen Schließfrüchte oder Samenkapseln (Achtung: Braune oder rötliche Samen sind unreif, schmecken bitter und enthalten weniger Nährstoffe). Wild und richtig üppig gedeiht Chia nur im warmen Süden, doch auch hierzulande wächst die Pflanze gut.

Keimlinge und Sprossen

Wie jeder Samen kann auch Chia im Keimgerät keimen. Bei Kontakt mit Wasser entsteht das Gel. Aber lassen Sie sich davon nicht beeinflussen, die Samen keimen trotzdem. Wichtig ist, dass regelmäßig gespült wird. Sie schmecken ähnlich wie Alfalfa. Gesundheitsplus: Beim Keimen potenzieren sich die Nährstoffe. Die Keime kann man auch zu Sprossen weiter ziehen, dann haben sie einen mild-pfeffrigen Geschmack und können ähnlich wie Kresse verwendet werden.

Aufzucht zu Hause

Am besten gedeihen Chia-Pflanzen, wenn sie im Haus vorgezogen werden. Dafür die Samen einzeln mit etwa zwei Zentimeter Abstand in einen Topf setzen, mit wenig Erde bedecken, gießen und die nächsten Tage feucht halten – Staunässe vermeiden. Wenn die Pflänzchen fünf bis sieben Zentimeter groß sind, können sie nach den Eisheiligen in den Garten übersiedeln. Entweder ins Beet (sonnig bis halbschattig) oder in den Kübel. Frisch geerntet schmecken die jungen Blätter besonders gut als Kräuterbeilage zu Salaten, als Pesto oder in Quarkaufstrichen. Mit den getrockneten Blättern lässt sich ein guter Tee gegen Halsschmerzen aufbrühen.

SO HILFT CHIA DER GESUNDHEIT

Chia gilt zu Recht als essbarer Superlativ. Die Samen enthalten extrem viele Nährstoffe und sind sehr reich an genau jenen Vitalstoffen, die unserer heutigen Nahrung im Allgemeinen fehlen. Chia ist nicht nur eine der reichhaltigsten Quellen für Omega-3-Fettsäuren und Ballaststoffe, sondern liefert auch alle essenziellen Aminosäuren, Vitamine und Mineralstoffe sowie eine geballte Ladung Antioxidantien. Das ist der Grund, warum Chia dem Organismus auf vielfältige Weise Energie liefern und ihn gesund erhalten kann. Die Samen fördern die Ausdauer, und Heißhunger-Attacken bleiben aus. Chia-Mehl ist zudem glutenfrei und somit auch bei Zöliakie (Glutenunverträglichkeit) bekömmlich. Und Chia hat, laut Gutachten der *European Food Safety Authority* (EFSA), keinerlei Allergie-Potenzial.

Omega 3 – die Königin der Fette

Chia-Samen sind möglicherweise die wertvollste Quelle von gesunden Fetten. Sie bestehen zu rund 30 Prozent aus gesunden Fettsäuren, davon sind fast zwei Drittel Omega-3-Fettsäuren. Diese sind für unseren Stoffwechsel lebensnotwendig, sprich essenziell, das heißt, sie können nur sehr begrenzt von unserem Organismus produziert werden.

Die Fettbestandteile verbessern die Fließeigenschaft des Blutes, ihre Abbauprodukte wirken entzündungshemmend. Zudem senken sie den Triglyzeridspiegel und haben langfristig positive Auswirkungen auf den Blutcholesterinspiegel. Außerdem können die Omega-3-Fettsäuren erhöhten Blutdruck senken und sogar Herzrhythmusstörungen positiv beeinflussen. Omega-3-Fettsäuren wirken auch Entzündungen aller Art entgegen und sind einer der wichtigsten Eckpfeiler einer antientzündlichen Ernährung. Sie sind in den ersten Lebensmonaten für die Entwicklung der Sehschärfe mitverantwortlich. Aber klinische Studien zeigen auch, dass die Fettsäuren das Risiko einer altersbedingten Makuladegeneration (AMD) und trockener Augen (Sicca-Syndrom) verhindern können.

Auch verschiedene psychische Krankheiten könnten laut aktueller Forschungen mit einer schlechten Versorgung mit Omega-3-Fettsäuren in Verbindung stehen. So wurde beobachtet, dass bei Depressionen, Demenz, Alzheimer und Aufmerksamkeitsstörungen (z. B. ADHS und

Autismus) eine verbesserte Versorgung mit Omega-3-Fettsäuren positiv wirken kann. Und eine ausreichende Zufuhr von Omega-3 kann auch die Symptome von Asthma verringern.

Deshalb empfiehlt die European Food Safety Authority (EFSA) zur Gesunderhaltung die tägliche Zufuhr von mindestens 2,3 g Omega-3-Fettsäuren. Doch österreichische Erwachsene nehmen im Durchschnitt 1,2 g ALA zu sich. Chia-Samen können natürlich nicht das Omega-6 reduzieren, aber nur ein Esslöffel liefert um die 3 g Omega-3 und kann somit das Verhältnis ein wenig in Richtung Gesundheit ausbalancieren.

Gesunde Ballaststoffe

Ballaststoffe sind äußerst nützliche Faserstoffe, die fast ausschließlich in pflanzlichen Nahrungsmitteln vorkommen. Sie sind lebensnotwendig und wirken im Körper sehr unterschiedlich. Grundsätzlich bewirken sie, dass die Nahrung länger und besser gekaut werden muss. Sie füllen den Magen und wirken dadurch sättigend, lassen den Blutzucker langsamer ansteigen und sorgen für eine gute Verdauung. Laut offiziellen Empfehlungen der DGE sollten wir 30 g Ballaststoffe pro Tag essen, doch die Ernährungsberichte zeigen, dass wir mit durchschnittlich weniger als 20 g Ballaststoffen am Tag weit entfernt vom Ziel sind. Es gibt wasserlösliche und -unlösliche Ballaststoffe – beide Arten sind wichtig. Beide kommen in Chia-Samen vor: Ein gehäufter Esslöffel (ca. 15 g) enthält 5 g Ballaststoffe – wobei fast 90 Prozent wasserunlöslich sind.

Aminosäuren: Bausteine des Lebens

Proteine sind die Grundlage aller Lebensvorgänge. Ohne Aminosäuren gibt es kein Leben. Sobald eine Aminosäure im Körper fehlt, wird die Funktion aller Proteine beeinträchtigt. Ein Mangel kann auf Dauer schwerwiegende Folgen für die Gesundheit haben. Chia-Samen enthalten rund 20 Prozent Eiweiß in einem für den Körper besonders gut verwertbaren Verhältnis und liefern damit ein vollständiges Aminosäuren-Profil.

Von Antioxidantien bis Vitamine

Die Samen liefern auch eine Fülle von Vitaminen, Mineralstoffen und Spurenelementen. Chia liefert rund fünfmal mehr Kalzium als Milch, sorgt daher für starke Knochen und kann Osteoporose entgegenwirken.

Wirklich zum Superlativ zählen die Samen in Sachen Antioxidantien – sie haben eines der höchsten antioxidativen Potenziale bei unverarbeiteten Lebensmitteln. Alle diese Pflanzenstoffe plus die antioxidativ wirkenden Vitamine schützen unseren Körper vor freien Radikalen – und können so Krankheiten vorbeugen und den Alterprozess verlangsamen.

Chia wirkt auch beim Abnehmen

Wenn man sich die Inhaltsstoffe von Chia ansieht, ist es eigentlich gar kein Wunder, dass die kleinen Samen so gut wirken – denn sie liefern gleich mehrere Vorteile, die eine Diät wunderbar unterstützen können:

- SATTMACHER. Die Samen absorbieren Flüssigkeit und dehnen sich bis zu ihrem zwölffachen Volumen aus.

- FETT MACHT FIT. Die in Chia enthaltenen Omega-3- und Omega-6-Fettsäuren sorgen für eine schnellere Körperfettreduktion.

- EIWEISS-POWER. Proteine können eine Diät sehr gut unterstützen. Aminosäuren regen den Organismus an, ausreichend schlank machende Hormone zu produzieren – zudem fördern sie den Muskelaufbau sowie den Stoffwechsel und wirken so der Fettspeicherung entgegen.

- KEIN UNNÖTIGER BALLAST. Ballaststoffe kurbeln den Stoffwechsel an, machen schnell und lange satt, vergrößern das Volumen der Nahrung, regulieren und fördern die Verdauung. Zusätzliches Plus: Ballaststoffe verhindern das Schwanken des Blutzuckerspiegels und damit Heißhungerattacken und Süß-Gusto.

- FATBURNER KALZIUM. Um Fett zu verbrennen, braucht der Körper auch Kalzium – hat er zu wenig davon, ist die Fettverbrennung gestört und anstatt das Fett abzubauen, lagert es der Körper für „schlechte Zeiten" ein.

- MEHR ENERGIE. Durch die Nährstoffdichte und die langsame Verdauung sorgt Chia auch für neue Energie – das macht Lust auf Bewegung und Sport. Heute setzen viele Sportler Chia als Brennstoff im Leistungs- und Freizeitsport ein. Die Verdauung von Kohlenhydraten und damit die Umwandlung in Zucker wird verlangsamt – das heißt, einer Unterzuckerung und damit einem Leistungsabfall (und auch Heißhunger) wird vorgebeugt.

KOCHEN MIT CHIA

Chia-Samen haben einen milden, leicht nussigen Geschmack und können unter alle Gerichte gemischt werden. Chia kann als Gel, als Mehl, als Sprossen, aber auch einfach pur verwendet werden und muss im Gegensatz zu fast allen anderen Samen nicht quellen, gewaschen, geschrotet oder gemahlen werden. Es nimmt den Geschmack der Umgebung auf und kann diesen sogar noch verstärken. Chia-Samen, -Mehl und -Öl sind dank der Fülle von Antioxidantien sehr lange haltbar und werden nicht ranzig.

Chia-Samen sind ein unglaublich praktisches Superfood. Geben Sie einfach einen Esslöffel in den Salat, ins Müsli oder in ihre Getränke! Der absolute Chia-Klassiker ist Pudding, und hier kann nach Lust und Laune gemischt werden. Dank der löslichen Faserstoffe werden die Chia-Samen mit Flüssigkeit sehr schnell zu einem Gel, das vielseitig verwendbar ist. Natürlich ist Chia-Gel nicht nur in der veganen Küche ein beliebter Ei-Ersatz. Wasser und Chia etwa im Verhältnis 4 : 1 mischen, im Kühlschrank etwa eine halbe Stunde quellen lassen und alle fünf bis zehn Minuten kurz schütteln. Dieses Gel hält im Kühlschrank mindestens zehn Tage.

Wer kein Gel, sondern knuspriges Chia will, kann die Samen vorsichtig in einer Pfanne ohne Fett anrösten – so schmecken sie nussiger, werden beim Kontakt mit Flüssigkeiten nicht zum Gel und machen sich etwa auf einem Salat wunderbar.

Man kann die Samen auch zu Mehl mahlen. Chia-Mehl ist glutenfrei und kann in jedem Rezept bis zu 20 Prozent des herkömmlichen Mehls ersetzen. Achtung: Beim Backen sollte entweder Chia als Ei-Ersatz oder als Mehl verwendet werden. Beides zugleich ist meist zu viel, dadurch kann der Kuchen leicht sitzen- oder das Brot zu hart bleiben.

Die folgenden Rezepte sollen Ideen bringen und Lust auf Kochen mit Chia machen. Ich habe meine Chia-Samen in einer alten Zuckerdose in der Küche stehen und versuche, sie immer wieder in die täglichen Gerichte zu integrieren – und dabei gab's bisher kaum Grenzen. Wichtig ist allerdings, nicht sofort von einem Tag auf den anderen Unmengen von Chia zu essen, sondern den Körper langsam an die Nähr- und vor allem Ballaststoffe zu gewöhnen und die tägliche Ration möglichst über den Tag verteilt zu genießen.

Foto: Brombeerfrühstück (S. 18)

Ein guter Anfang: Das Frühstück

Limettenmilch-Oats MIT PAPAYA UND HEIDELBEEREN

FÜR 2 PORTIONEN
1 Limette
200 ml Milch
10 EL kernige Haferflocken
2 EL Chia-Samen
1 Papaya
einige frische Heidelbeeren

ZUBEREITUNG
1 Die Limette auspressen und mit Milch, Haferflocken und Chia mischen und zugedeckt über Nacht in den Kühlschrank stellen.
2 Am Morgen die Limettenmilch-Flocken in zwei Müslischalen füllen, die Papaya in Stücke schneiden und darüber verteilen. Mit Heidelbeeren dekoriert servieren.

Matcha-Oats

FÜR 2 PORTIONEN
2 TL Matchapulver
4 EL kernige Haferflocken
4 EL Hafermark
4 EL Sojaflocken
2 EL geschrotete Leinsamen
2 EL Kokosraspel
2 EL Chia-Samen
450 ml Kokosmilch
1/2 frische Ananas (oder anderes Obst nach Wahl), in Würfeln

ZUBEREITUNG
1 Matcha sieben und gut mit allen Zutaten (bis auf die Ananas) verrühren. Über Nacht in den Kühlschrank stellen und quellen lassen.
2 Am Morgen die Ananas klein würfeln, dazugeben und in Dessertschalen angerichtet servieren.

Frühstücksbrei

FÜR 2 GROSSE PORTIONEN

3 EL Chia-Samen
150 ml Kokosmilch
200 ml Mandelmilch
1/2 TL Vanillepulver
1 Handvoll frische Früchte der Saison (Beeren, Äpfel …)
3 EL Apfelmark

ZUBEREITUNG

1 Die Chia-Samen und das Vanillepulver in einer Schale gut vermischen, mit Kokos- und Mandelmilch aufgießen, Apfelmark einrühren – gut vermengen. Die Schale zugedeckt und über Nacht in den Kühlschrank stellen.

2 Am nächsten Morgen mit Früchten garnieren. Wer's süßer mag: statt Apfelmark gesüßtes Apfelmus verwenden.

Chia-Müsli

FÜR 2 PORTIONEN
2 EL Chia-Samen
200 ml Mandelmilch
4 EL Frühstückscerealien
2 EL Haferflocken
2 EL Mandeln
1 TL Kürbiskerne
1/2 TL Hanfsamen
2 TL Cranberrys
ein paar Himbeeren
Zucker oder Sirup nach Geschmack

ZUBEREITUNG
1. Die Chia-Samen mit etwas Mandelmilch verrühren und im Kühlschrank 20 Minuten quellen lassen.
2. Mit der restlichen Milch aufgießen, alle übrigen Zutaten dazumischen.
3. In zwei großen Müslischalen anrichten und servieren.

Ayurvedischer Haferbrei

FÜR 2 PORTIONEN
1 Scheibe Ingwer (2 cm)
6 EL Haferflocken
4 EL Chia-Samen
6 frische Marillen, klein gewürfelt
2 EL Rosinen (oder Berberitzen)
etwas Zimtpulver
Zucker nach Geschmack

ZUBEREITUNG
1. Eine Tasse Wasser in einem Topf mit dem klein gewürfelten Ingwer aufkochen lassen.
2. Erst die Haferflocken und nach 2–3 Minuten Chia-Samen, Marillen und Rosinen einrühren und alles auf kleiner Stufe köcheln lassen, bis das Obst weich ist.
3. Mit Zimt und ev. Zucker abschmecken und heiß servieren.

Foto: Chia-Müsli

Süsser Brotaufstrich

FÜR 2 PORTIONEN

2 EL Mandeln

2 EL Haselnüsse

125 ml Wasser

1 Banane

1 TL Zucker

2 TL ungesüßter Kakao

1 Prise Salz

2–3 EL Chia-Samen

1 TL Baobabpulver nach Geschmack

ZUBEREITUNG

1. Mandeln und Nüsse für einige Stunden in Wasser einlegen.
2. Mandeln und Nüsse abgießen und mit frischem Wasser, Banane, Zucker, Kakao und Salz im Mixer mixen.
3. Chia-Samen unterrühren, in ein Glas füllen und zugedeckt über Nacht im Kühlschrank quellen lassen (die erste halbe Stunde öfter umrühren). Sollte die Masse zu dünn bleiben, um auf dem Brot zu bleiben, eventuell noch 1 TL Baobabpulver einrühren und nochmals kurz quellen lassen.

Brombeerfrühstück

FÜR 2 PORTIONEN

2 EL Chia-Samen

150 ml Orangensaft

300 g griechischer Joghurt

Zucker, Honig oder eine Zuckeralternative nach Geschmack

2 Handvoll frische Brombeeren, mit der Gabel leicht angedrückt

2 TL Kakaopulver

ZUBEREITUNG

1. Chia in den Orangensaft rühren, zugedeckt im Kühlschrank über Nacht quellen lassen, die erste halbe Stunde ab und zu umrühren.
2. Am nächsten Morgen den Joghurt mit dem Zucker cremig rühren. Joghurt in Frühstücksschalen füllen und den Orangen-Chia darübergeben. Mit Brombeeren garnieren, mit Kakao bestauben und servieren.

Ruckzuck-Marmelade

FÜR 1 KLEINES GLAS

2 EL Chia-Samen

4 EL Wasser

100 g frische Erdbeeren

1 EL Birkenzucker (wenn notwendig)

ZUBEREITUNG

1. Die Chia-Samen mit dem Wasser vermengen und 10 Minuten kühl stellen.
2. Alle Zutaten in einen Mixer geben und 1–2 Minuten mixen, bis eine cremige Masse entsteht. Nochmals 10 Minuten quellen lassen.
3. In ein kleines verschließbares Glas füllen und kühl lagern.

Gesunder Brotaufstrich

FÜR 2 PORTIONEN

100 ml Mandelbutter (oder eine andere Nussbutter)

50 ml Ahornsirup

1 EL Chia-Samen

2 EL Kakaopulver

ZUBEREITUNG

Alle Zutaten zusammenrühren und im Kühlschrank quellen lassen.

Tipp

Dieser Aufstrich hält kühl gelagert zwei Wochen und ist eine gesunde Alternative zu Nutella & Co.

Peach-Jam mit Schwips

FÜR 1 GROSSES GLAS
400 g reife Pfirsiche, geschält
2 TL Ahornsirup
1 Schuss Amaretto
2 EL Chia-Samen

ZUBEREITUNG
1. Pfirsichstücke, Ahornsirup und Amaretto nach Geschmack im Mixer fein pürieren. Die Chia-Samen unterrühren und die Marmelade zugedeckt für mindestens eine Stunde im Kühlschrank quellen lassen.
2. In ein verschließbares Glas füllen und kühl aufbewahren.

Frische Mangomarmelade

FÜR 1 GLAS
1 Mango, geschält
2 EL Chia-Samen

ZUBEREITUNG
1. Mango vom Kern befreien und das Fruchtfleisch pürieren. Mit den Chia-Samen vermengen und für mindestens 10 Stunden im Kühlschrank kalt stellen.
2. Marmelade in ein verschließbares Glas füllen und kühl lagern. Hält mindestens eine Woche.

TIPP
Wenn's ein bisschen süßer sein soll, einfach mit einem Esslöffel Honig oder Zucker oder mit Stevia nach Geschmack süßen.

Foto: Peach-Jam mit Schwips

Frühstück mit Schlag

FÜR 2 GROSSE PORTIONEN

2 EL Chia-Samen
200 ml Reis-Mandel-Milch
1 saurer Apfel, in kleinen Stücken
8 Rosinen
2 TL Hanfsamen
2 EL Amaranth-Pops
2 EL Crunchys
2 EL Mandeln, gehackt
150 ml Schlagobers (Schlagsahne)
1 Handvoll frische Heidelbeeren

ZUBEREITUNG

1. Die Chia-Samen mit der Reis-Mandel-Milch vermengen und ein paar Stunden (am besten über Nacht) zugedeckt im Kühlschrank quellen lassen.
2. Die Apfelstücke, Rosinen, Hanfsamen, Amaranth-Pops, Crunchys und die Mandeln vermengen. Die Schlagcreme steif schlagen.
3. Den Chia-Pudding aus dem Kühlschrank nehmen, nochmals richtig durchrühren und auf 2 Dessertgläser aufteilen. Darüber den Müslimix geben und mit Schlagobers bedecken.
4. Mit Heidelbeeren und ein paar Chia-Samen dekoriert servieren.

Foto: Chia Fresca (S. 24)

Alles Chia: Von Tee bis Smoothie

Chia Fresca

FÜR 4 GLÄSER

1 Liter Wasser

100 g Rohrzucker nach Geschmack

Saft von 2 Limetten

4 EL Chia-Samen

4 Limettenscheiben zum Garnieren

ZUBEREITUNG

1 Alle Zutaten gut verrühren (statt Zucker kann es natürlich auch Stevia oder eine andere Zucker-Alternative sein) und 10 Minuten im Kühlschrank kalt stellen.
2 Mit Limettenscheiben garniert servieren.

Tipp

Auch ein Ingwer-Fresca schmeckt toll: Ungefähr 5 cm Ingwer in einen Krug reiben, zwei Esslöffel Chia-Samen und den Saft einer Zitrone dazugeben und mit einem Liter Mineralwasser aufgießen. Mit ein paar Eiswürfeln für 20 Minuten in den Kühlschrank stellen – fertig!

Trauben-Drink

FÜR 4 TASSEN

750 ml Mineralwasser, kohlensäurehältig

250 ml roter Traubensaft

Saft von 1 Zitrone

4 TL Chia-Samen

ZUBEREITUNG

1 Den Traubensaft mit dem Mineralwasser mischen, mit Zitronensaft nach Geschmack würzen.
2 Die Chia-Samen einrühren, ein paar Minuten quellen lassen und dabei immer wieder umrühren.

Foto: Trauben-Drink

Hibiskus-Bowle

FÜR 4 GLÄSER

2 TL Hibiskustee
2 TL getrocknete Hibiskusblüten
1 l heißes Wasser
1 Handvoll Beeren, tiefgekühlt
2 TL Honig
3-4 TL Chia-Samen-Mehl

ZUBEREITUNG

1. Tee und Blüten zu etwa einem Liter Tee zubereiten. Honig einrühren, abkühlen lassen und über Nacht in den Kühlschrank stellen.
2. Am nächsten Tag die gefrorenen Beeren und das Mehl in den Tee geben, umrühren und eine Stunde im Kühlschrank quellen lassen.
3. Anschließend gut schütteln und sofort genießen.

MEMO

Dieser Tee ist dem Pearl Milk Tea oder Bubble Tea nachempfunden. Doch während bei diesen Getränken die kalorienreichen Tapioka-Perlen als Geliermittel verwendet werden, sind hier nur gesunde Chia-Samen enthalten.

Bubble Tea

FÜR 4 TASSEN

Chai (Teebeutel oder loser Tee)
1 Liter Wasser
4 TL Chia-Samen
etwas Milch oder Haferdrink
Stevia

ZUBEREITUNG

1. Chai nach Packungsanweisung zubereiten, etwas abkühlen lassen und auf vier Tassen verteilen.
2. Jeweils 1 TL Chia in die Tassen geben. Mit Milch verfeinern, nach Geschmack mit Stevia süßen. Ein paar Minuten ziehen lassen.
3. Mit einem kleinen Teller die Tasse abdecken und kräftig schütteln, bis der Tee ein bisschen schäumt.

Supersmoothie

FÜR 2 GROSSE GLÄSER
100 ml Wasser
100 ml Orangensaft, frisch gepresst
100 ml Mandelmilch
2 TL Weizengraspulver (aus dem Reformhaus)
1 TL Brennnesselpulver (aus dem Reformhaus)
3 EL Chia-Gel
1 großer Apfel, in Stücken
1 Banane, in Stücken

ZUBEREITUNG
Alle Zutaten im Mixer gut pürieren – fertig.

Grüne-Reste-Smoothie

FÜR 2 GLÄSER
2 EL Chia-Gel
1 kleine Orange, geschält
1/4 Zitrone
1/4 Cantaloupe-Melone
1 weiche Birne
1/2 Stange Staudensellerie mit Blättern
1 Handvoll Radieschenblätter
1 kleine Handvoll Spinat
ca. 175 ml Wasser

ZUBEREITUNG
Alle Zutaten in einem starken Mixer gut pürieren – fertig.

Cashew-Smoothie

FÜR 4 GROSSE GLÄSER

70 g Cashewkerne, 3-4 Stunden in Wasser eingeweicht

70 g Paranüsse, 3-4 Stunden in Wasser eingeweicht

900 ml Wasser

4 Datteln

1 EL Vanillezucker

4 EL Chia-Samen

ein paar Kürbiskerne

ein paar Cranberrys

ZUBEREITUNG

1. Kerne, Nüsse und Wasser in einem Mixer auf höchster Stufe pürieren. Die Nussmilch durch ein Sieb in einen Krug gießen. Die durchgesiebte Milch wieder in den gespülten Mixer geben.
2. Die Datteln und den Vanillezucker hinzufügen und pürieren, bis die richtige Konsistenz für Smoothies entsteht.
3. In 4 Gläser füllen, jeweils einen Esslöffel Chia einrühren und 10 Minuten quellen lassen.
4. Mit den Kürbiskernen und Cranberrys garniert servieren.

Energygel für Läufer

FÜR 2 KLEINE FLASCHEN

8 Datteln

6 EL Agavendicksaft

2 TL Chia-Samen

2 TL Kokosöl

3-4 TL reines Kakaopulver

2 Prisen Salz

170 ml Kokoswasser

ZUBEREITUNG

1. Alle Zutaten in einem Mixer auf höchster Stufe mindestens 2 Minuten gut mixen, bis die Masse flüssig ist und keine Dattelstücke mehr zu sehen sind.
2. In kleine Plastik-Laufflaschen (die Mundöffnung sollte groß genug sein, denn sonst verstopft sie durch das Gel ganz leicht) füllen und während des Laufens trinken. Ist besser als jedes Fertigprodukt.

Foto: Cashew-Smoothie

Karottentrunk

FÜR 2 GROSSE GLÄSER
3 Karotten
3 Orangen
1 kleines Stück Ingwer
3 TL Chia-Gel
500 ml Wasser

ZUBEREITUNG
1 Karotten waschen, schälen oder schrubben und klein schneiden, Orangen schälen.
2 Karotten, Orangen und Ingwer in den Mixer geben, Chia-Gel und Wasser zugeben und alles pürieren.

Heidelbeersmoothie

FÜR 2 GROSSE GLÄSER
250 ml Kokoswasser
100 g Seidentofu
1 TL Honig
2 TL Chia-Gel
1 Tasse Heidelbeeren, frisch oder gefroren

ZUBEREITUNG
Alle Zutaten in einen Mixer geben und zu einem feinen Smoothie mixen.

Power-Shake

FÜR 2 GROSSE GLÄSER

300 ml Mandelmilch
1 kleine Banane
15 g Nussmus nach Wahl
1 EL weiße Chia-Samen
1 EL Agavensirup

ZUBEREITUNG

1 Einen kleinen Schuss Mandelmilch in den Mixer füllen und die Chia-Samen einstreuen – etwa 15 Minuten quellen lassen.
2 Alle Zutaten in den Mixer geben und cremig pürieren.

Erdbeershake

FÜR 2–3 GROSSE GLÄSER

300 g Erdbeeren

2 TL Chia-Mehl

2 EL Acai-Mark oder -Pulver, aus dem Reformhaus

10 Minzblätter

400 ml Sojamilch

ZUBEREITUNG

Alle Zutaten in den Mixer geben. Mit einem Minzblättchen und einer Erdbeere garniert servieren.

Mandel-Grapefruit-Shake

FÜR 2 GLÄSER

2 EL Chia-Gel

2 Grapefruits, geschält

8 große Erdbeeren

30 Bio-Mandeln

2 Bananen

200 ml Orangensaft, frisch gepresst

ZUBEREITUNG

1 Die Mandeln über Nacht in Wasser weichen lassen.
2 Am nächsten Morgen abgießen und gemeinsam mit dem Chia-Gel im Mixer pürieren.
3 Das Obst in Stücken und den Orangensaft zugeben und nochmals gut mixen.

Chia Colada

FÜR 2 GROSSE GLÄSER

50 ml Reis-Kokos-Drink
200 ml Ananassaft
1 TL Kokosraspeln
2 EL Chia-Samen

ZUBEREITUNG

Alle Zutaten in einen Behälter geben, verschließen und shaken.

Super-Sportler-Shake

FÜR 2 GROSSE ODER 4 KLEINE GLÄSER

250 ml Kokoswasser

100 ml Kirschsaft

1 Banane

250 g Himbeeren

100 g Heidelbeeren

2 EL Lupinenmehl

1 EL Chia-Mehl

1 EL Hanf-Samen

1 daumengroßes Ingwer-Stück, gerieben

1 Handvoll Erdnüsse

1 paar Weizenkeime

ev. ein paar Tropfen Stevia

ZUBEREITUNG

Alle Zutaten im Mixer zu einem Smoothie pürieren.

Foto: Cookie-Pudding S. 40

Gesunde Sünden: Desserts

Beerentraum

FÜR 4 PORTIONEN

8 EL Chia-Samen
500 ml Mandelmilch
100 g frische Himbeeren, mit der Gabel leicht gequetscht
1 Prise Zucker
Mark von 1 Vanilleschote
100 g frische Heidelbeeren
1 Granatapfel

ZUBEREITUNG

1 Die Chia-Samen mit der Mandelmilch, den Himbeeren, dem Zucker und dem Vanillemark gut verrühren und mindestens 2 Stunden im Kühlschrank quellen lassen.
2 Vor dem Servieren nochmals kurz durchrühren und mit Heidelbeeren und Granatapfelkernen (siehe Cookie-Pudding, S. 40, Kerne aus der Frucht holen) garnieren.

Haselnusspudding

FÜR 2 PORTIONEN

1 EL Baobabpulver
1 TL Kokosblütenzucker
300 ml Haselnussmilch
3 EL Chia-Samen
1/2 Mango, geschält
1 Handvoll Gojibeeren

ZUBEREITUNG

1 Baobabpulver mit dem Kokosblütenzucker gründlich in die Haselnussmilch einrühren. Die Chia-Samen hinzugeben und mindestens 20 Minuten im Kühlschrank quellen lassen – dazwischen immer wieder gut umrühren.
2 Die Mango vom Kern befreien, pürieren und 2 Teelöffel voll für die Garnitur zur Seite stellen. Den Rest in den Pudding einrühren.
3 In Dessertgläser füllen, mit einem Kaffeelöffel Mangomus und Gojibeeren garniert servieren.

Matcha-Chia-Pudding

FÜR 2 PORTIONEN

4 EL Chia-Samen

250 ml Mandelmilch

1 EL Matchapulver

Mark von 1 Vanilleschote

Ahornsirup, nach Geschmack

1 Handvoll Himbeeren oder Obst nach Wahl

ZUBEREITUNG

1 Die Chia-Samen mit der Mandelmilch, dem Matchapulver, dem Vanillemark und dem Ahornsirup verrühren. Die Mischung für mindestens zwei Stunden im Kühlschrank quellen lassen.

2 Vor dem Servieren mit dem Stabmixer pürieren, in Dessertgläser füllen, mit Himbeeren garnieren.

Mango-Kokosnuss-Pudding

FÜR 4 PORTIONEN

150 ml Kokosmilch

150 ml ungesüßte Mandelmilch

1 große, reife Mango, geschält, in mundgerechten Stücken

4 TL Chia-Samen

2 TL Kokosflocken

Stevia oder Agavensirup nach Geschmack

4-6 frische Minzblättchen

ZUBEREITUNG

1. Alle Zutaten in einer Schüssel gut verrühren und zugedeckt im Kühlschrank für mindestens 6 Stunden kühl stellen.
2. Die Minzblättchen entfernen.
3. In vier Dessertschalen füllen und gekühlt servieren.

Lucumapudding

FÜR 2 PORTIONEN

4 EL Chia-Samen

220 ml Hafermilch

1 TL Lucuma

1 Apfel, klein gewürfelt

2 EL Dinkelcrunch

2 EL grob gehackte Mandeln

ZUBEREITUNG

1. Chia, Hafermilch und Lucuma in eine Schüssel geben und zugedeckt mindestens 20 Minuten im Kühlschrank quellen lassen.
2. Die Apfelstücke in zwei bauchige Gläsern füllen, jeweils einen Esslöffel Dinkelcrunch darüber verteilen.
3. Mit dem Pudding auffüllen und mit den gehackten Mandeln garniert servieren.

Foto: Mango-Kokosnuss-Pudding

Cookie-Pudding

FÜR 4 PORTIONEN

3 EL Chia-Samen
200 ml Mandelmilch
1 Granatapfel
4–8 Cookies, je nach Größe
200 ml Magerjoghurt
Stevia nach Geschmack
1 Handvoll Beeren nach Belieben

ZUBEREITUNG

1 Die Chia-Samen in die Mandelmilch einrühren, gut verrühren und mindestens zwei Stunden im Kühlschrank quellen lassen, dabei die erste halbe Stunde zwei-, dreimal umrühren.
2 In der Zwischenzeit die Granatapfelkerne aus der Frucht lösen. Dazu die Granatapfelschale wie eine Orange einschneiden, anschließend so auseinanderbrechen, dass sich die Schale konvex verbiegen lässt und die Kerne herausstehen. Nun lassen sie sich leicht aus ihrem Gehäuse lösen, ohne die Küche in ein Schlachtfeld zu verwandeln.
3 Den Chia-Pudding auf vier Dessertgläser verteilen. Die Cookies grob mit den Fingern zerkrümeln und darüber streuen. Den Joghurt nach Geschmack mit Stevia süßen und mit einem Löffel über die Cookies streichen.
4 Mit den Beeren und den Granatapfelkernen großzügig bestreut servieren.

Chia-Chai-Pudding

FÜR 2 PORTIONEN
3 EL Chia-Samen
2 EL Mandelmus
300 ml Wasser
3 Datteln
1/4 TL gemahlene Vanille
1/2 TL Zimtpulver
1/4 TL Kardamompulver
1/2 TL Kurkumapulver
1/4 TL Ingwerpulver
etwas Muskatnuss, frisch gerieben

ZUBEREITUNG
1. Alle Zutaten in einem Mixer cremig pürieren.
2. Die Masse in Dessertschälchen füllen und zugedeckt mindestens 5 Stunden in den Kühlschrank stellen.
3. Mit etwas Zimt bestreut serviert servieren.

Schokopudding

FÜR 4 PORTIONEN
2-3 EL Chia-Gel
10-14 getrocknete Datteln
4 EL reines Kakaopulver, ungezuckert
1 reife Banane, in Stücken
Himbeeren

ZUBEREITUNG
1. Die Datteln in Wasser mindestens eine Stunde einweichen.
2. Datteln abseihen und alle Zutaten in einem Mixer pürieren.
3. Den Pudding in Dessertgläser füllen und für ca. 1 Stunde kühl stellen. Mit Himbeeren dekorieren.

Winterpudding

FÜR 2 PORTIONEN

300 ml Reismilch
1 TL Zimtpulver
2 EL Chia-Samen
2 TL Ahornsirup
1 Vanilleschote
1/2 Mango, in mundgerechten Stücken
1 Handvoll Heidelbeeren

ZUBEREITUNG

1. Reismilch, Zimt, Chia-Samen und Ahornsirup in einer Schale gut verrühren.
2. Die Vanilleschote längs aufschneiden, das Mark auskratzen und in die Milch rühren. Die Schote in die Milch legen. Mit einer Frischhaltefolie verschließen und über Nacht im Kühlschrank quellen lassen.
3. Am nächsten Tag die Schote entfernen und den Pudding kurz aufrühren.
4. Die Mango und die Heidelbeeren unterheben und mit Zimt bestreut servieren.

Bananenpudding

FÜR 2 PORTIONEN

3 EL Chia-Samen
400 ml Mandelmilch
1 Banane
1 Handvoll Himbeeren (oder Beeren nach Wahl)
2 TL Hanfsamen

ZUBEREITUNG

1. Die Chia-Samen mit der Mandelmilch vermengen und ein paar Stunden (am besten über Nacht) zugedeckt im Kühlschrank quellen lassen.
2. Vor dem Servieren die Banane in Stücken untermengen und mit der Gabel im Pudding zerdrücken. Mit Beeren und Hanfsamen garnieren.

Foto: Winterpudding

Granatapfeldessert

FÜR 2 PORTIONEN

100 ml Granatapfelsaft

2 EL Chia-Samen

200 ml griechischer Joghurt

2 EL Pistazien, geschält, grob gehackt

Granatapfelkerne

ZUBEREITUNG

1. Den Granatapfelsaft mit den Chia-Samen verrühren und über Nacht im Kühlschrank quellen lassen. In der ersten halben Stunde ein paarmal umrühren.
2. Am nächsten Tag die Chia-Mischung gut mit dem Joghurt verrühren, in Dessertgläser verteilen und mit Pistazien sowie Granatapfelkernen (siehe Rezept Cookie-Pudding, S. 40) bestreuen.

Mohnparfait

FÜR 4 PORTIONEN

140 g Mohn
250 ml Mandelmilch
100 g Birkenzucker
1 Zimtstange
2 EL Chia-Samen
10 ml Rum
2 EL Rohrzucker
5 Eigelb
250 ml Schlagobers (Schlagsahne)

ZUBEREITUNG

1. Den Mohn in der Mandelmilch verrühren und zum Kochen bringen. Birkenzucker, die Zimtstange, Chia-Samen und den Rum einrühren und bei geringer Hitze 20 Minuten köcheln lassen. Die Zimtstange entfernen, überkühlen lassen.
2. Die Eigelb mit dem Zucker schaumig rühren, die Mohnmasse unterrühren und alles abkühlen lassen.
3. Das Parfait zugedeckt für mindestens 2 Stunden in den Tiefkühlschrank stellen und alle 30 Minuten umrühren.

Beereneis

FÜR 2 PORTIONEN

2 Bananen, in Stücken
4 EL Chia-Gel
etwas Stevia
200 g tiefgekühlte Beeren

ZUBEREITUNG

1. Die Bananenstücke in einen Gefrierbeutel geben und über Nacht in der Tiefkühlschrank einfrieren.
2. Am nächsten Tag das Chia-Gel mit 2–3 EL Wasser, dem tiefgekühlten Obst und ein paar Tropfen Stevia in den Mixer geben und auf der Ice-Crash-Stufe so lange mixen, bis eine homogene Eismasse entstanden ist.

Kirschparfait

FÜR 6 PORTIONEN

Für das Parfait

80 g Chia-Samen

740 ml Mandelmilch

1 TL Honig

2 TL Vanilleextrakt

150 g Kirschen, entsteint, klein gewürfelt

Für die Creme

150 g Kirschen, entsteint, halbiert

100 g Cashewkerne, in Wasser eingelegt, mindestens 3 Stunden oder die ganze Nacht

1 TL Vanilleextrakt

2 TL Honig

ZUBEREITUNG

1. Für das Parfait alle Zutaten gut verrühren und mindestens 2 Stunden in den Kühlschrank stellen. Die erste halbe Stunde öfter umrühren.
2. Für die Creme die Kirschen zu einem Mus pürieren. Die Cashewkerne dazugeben und zu einer homogenen Creme pürieren. Mit Honig und Vanille abschmecken.
3. Die Masse in Dessertgläser füllen und mit Creme bedecken.
4. Vor dem Servieren für 1 Stunde in den Kühlschrank stellen.

Foto: Chia-Chai-Pudding (S. 41)

Süsses für Zwischendurch

Powersportriegel

FÜR 12 RIEGEL

100 g Mandeln, gemahlen

30 Kokosraspeln, ungesüßt

1/2 TL Backpulver

1 Prise Salz

30 g Chia-Gel

60 g Erdnussmus

20 g flüssiger Honig

60 g Quinoa

60 g Cranberrys

1 Ei

1 Handvoll Kürbiskerne, grob gehackt

ZUBEREITUNG

1 Quinoa laut Packungsbeilage kochen und abkühlen lassen.
2 Backofen auf 180 °C vorheizen.
3 Mandeln, Kokos, Backpulver und Salz in einer Schüssel gut vermengen, das Chia-Gel, das Erdnussmus, Honig, Quinoa, Cranberrys und das Ei (Veganer lassen das Ei einfach weg) mit einem Löffel unterrühren, bis eine gleichmäßige Masse entsteht.
4 Masse auf ein mit Backpapier ausgelegtes Backblech verteilen und mit den Kürbiskernen bestreuen. Im heißen Backofen 25–30 Minuten backen. Die Riegel sind fertig, wenn Ecken und Oberfläche leicht braun sind. Am besten über Nacht im geöffneten Ofen auskühlen lassen.
5 Am nächsten Tag Riegel schneiden – zum Mitnehmen am besten in Backpapier einschlagen.

Fruchtige Nussriegel

FÜR CA. 12 RIEGEL

170 g Datteln, entkernt

50 g getrocknete Apfelscheiben

50 g getrocknete Marillen

50 g getrocknete Berberitzen (oder Rosinen)

50 g Chia-Samen

50 g Mandeln

50 g Walnüsse

50 g Cashew-Kerne

20 g Sonnenblumenkerne

ZUBEREITUNG

1 Alle Zutaten in der Küchenmaschine zu einer klebrigen Masse verarbeiten.
2 Ein Backblech oder großes Brett mit Backpapier auslegen und die Masse darauf verteilen. Einen weiteren Bogen Backpapier darüberlegen und mit einem Nudelholz die Masse rund 1 cm dick ausrollen.
3 Das obere Papier entfernen und die Masse ein paar Stunden trocknen lassen. In gleichmäßige Riegel schneiden.

Haferplätzchen

FÜR CA. 40 STÜCK

100 g Walnüsse
200 g dunkle Schokolade
100 g Vollrohrzucker
2 TL Vanillezucker
140 g Butter
1 Chia-Ei (siehe Kasten)
100 g Dinkelmehl
250 g Haferkleie
1 TL Zimtpulver
1/2 TL Backpulver
1 Prise Salz

ZUBEREITUNG

1. Walnüsse in einer beschichteten Pfanne ohne Fett einige Minuten anrösten, auskühlen lassen und in der Küchenmaschine nicht zu fein mahlen. Schokolade hacken.
2. Zucker, Vanillezucker und Butter zusammen schaumig schlagen. Chia-Ei darunter mischen.
3. Mehl, Kleie, Zimt, Backpulver und Salz in einer zweiten Schüssel vermischen und unter die Buttermischung kneten.
4. Backofen auf 180 °C Umluft vorheizen.
5. Aus dem Teig kleine Kugeln formen, auf zwei mit Backpapier ausgelegten Blechen flachdrücken und ca. 15 Minuten backen.

Chia als Ei-Ersatz

Ein Ei entspricht einem gestrichenen Esslöffel Chia-Samen (pur oder gemahlen) und drei bis vier Esslöffeln Wasser. In einer Schüssel gut vermischen (eventuell auch mit dem Mixer pürieren) und 30 Minuten in den Kühlschrank stellen – etwa alle zehn Minuten kurz aufrühren. In einer halben Stunde ist der perfekte Ei-Ersatz fertig.

Milchreisschnitten

FÜR 12 SCHNITTEN

1 l Reismilch

250 g Rundkornreis

1 Prise Salz

30 g Vollrohrzucker

2 EL Agavendicksaft

Chia-Samen nach Bedarf

1 Handvoll Trockenfrüchte (Bananen, Beeren …), in Stücken

1 Handvoll Mandeln, grob gehackt

ZUBEREITUNG

1 Die Milch erwärmen, den Reis einrühren, kurz aufkochen lassen und auf geringer Flamme köcheln lassen.
2 Salz, Zucker und Agavendicksaft einrühren, öfter umrühren. Wenn die Masse etwas zäher wird, den Chia-Samen einrühren.
3 Den Backofen auf 180 °C Ober- und Unterhitze vorheizen.
4 Ein Backblech mit Backpapier auslegen. Die Masse darauf gleichmäßig etwa 1 cm hoch verteilen und mit Früchten und Mandeln bestreuen. Mit der Hand andrücken.
5 30 Minuten im heißen Ofen goldbraun backen. Abkühlen lassen.
6 In Riegelform schneiden und in Backpapier einschlagen.

Erdnuss-Cookies

FÜR CA. 12 STÜCK

50 g Mehl
1 TL Backpulver
110 g Haferflocken
4 TL Chia-Samen
70 g Butter, weich
90 g brauner Zucker
180 g Erdnussbutter
2 Eier
1 TL Vanillepulver
120 g dunkle Schokolade,
in kleinen Stücken

ZUBEREITUNG

1. Backofen auf 180 °C Ober- und Unterhitze vorheizen, ein Backblech mit Papier auslegen.
2. In einer Schüssel das Mehl mit dem Backpulver gut vermischen, dann Haferflocken und Chia-Samen unterrühren.
3. In einer zweiten Schüssel Butter und Zucker schaumig rühren und die Erdnussbutter, Eier und Vanille gut untermischen. Dann langsam die Hafermischung unterrühren. Zuletzt die Schokostücke untermengen.
4. Kleine Kugeln formen, auf das Papier geben und flach drücken. Etwa 12 Minuten goldbraun backen.

Zitronenmuffins

FÜR 12 STÜCK

85 g Kristallzucker
2 Eier
115 g Butter, weich
1 TL Zitronenzesten
250 g Mehl
2 TL Backpulver
1 TL Natron
1 Prise Salz
2 EL Chia-Samen
120 ml Milch
4 TL Zitronensaft
1 Pkg. Zitronenpudding

Für den Zuckerguss
etwas Staubzucker
3-4 TL Zitronensaft

ZUBEREITUNG

1. Backofen auf 190 °C Ober- und Unterhitze vorheizen.
2. Den Zucker mit den Eiern schaumig rühren, die Butter und die Zesten untermengen. In den glatt gerührten Teig die restlichen Zutaten unterrühren.
3. Masse gleichmäßig in Muffinförmchen verteilen und etwa 15 Minuten backen.
4. In der Zwischenzeit aus Staubzucker und dem Zitronensaft einen Zuckerguss anrühren. Sobald die Zitronenmuffins fertig gebacken sind, Zuckerguss darüberträufeln, trocknen lassen.

Schoko-Cookies

FÜR CA. 12 STÜCK

100 g Haferflocken

2 reife Bananen

3 Datteln

40 g vegane Schokolade (85 %), fein gehackt

4 EL Kakaopulver

2 EL Cranberrys

4 EL Chia-Gel

30 g Mandeln, gehackt

ZUBEREITUNG

1 Backofen auf 160 °C Ober- und Unterhitze vorheizen.

2 Alle Zutaten im Mixer zu einem festen Teig vermengen – ev. noch mit den Händen so lange kneten, bis ein kompakter Teig entsteht. Den Teig eine halbe Stunde im Kühlen ruhen lassen.

3 Ein Backblech mit Papier auslegen. Kleine Kugeln formen und auf dem Papier flachdrücken. Wer mag, kann die Cookies mit Schokostreuseln bestreuen. Im Ofen etwa 20 Minuten backen.

Schoko-Kokos-Plätzchen

FÜR CA. 20 STÜCK

140 g Haferflocken

4 reife Bananen

60 g Zartbitterschokolade, gehackt

4 EL Rosinen

6 EL Chia-Gel

40 g Kokosraspeln

ZUBEREITUNG

1 Backofen auf 180 °C Ober- und Unterhitze vorheizen.

2 Die Bananen zerstampfen und mit den restlichen Zutaten zu einem Teig vermengen.

3 Ein Backblech mit Backpapier auslegen und aus dem Teig kleine Plätzchen formen. Etwa 18 Minuten backen, bis sich der Rand leicht bräunt.

Chia-Törtchen

FÜR 2 PORTIONEN

Für den Boden

60 g Mandeln
2 EL Chia-Samen
5 große Datteln, entkernt

Für die Creme

1 weiche Avocado, geschält, entkernt
3 große EL Haselnussaufstrich
1 großer EL Kakaopulver
etwas Agavendicksaft
1 Prise Salz
1/4 TL Vanillepulver

Für die Schokocreme

1 Banane
1 1/2 EL Kakakaopulver
1 EL Haselnüsse, grob gehackt

Für den Belag

1 Handvoll Heidelbeeren

ZUBEREITUNG

1. Für den Boden alle Zutaten im Mixer zu einer noch leicht groben Masse verarbeiten und in 2 Dessertringe als Boden drücken.
2. Für die Creme alle Zutaten fein mixen, auf die beiden Böden verteilen und für mindestens 30 Minuten tiefkühlen.
3. Für die Schokocreme die Banane mit dem Kakao fein mixen, Nüsse zugeben und zu groben Stücken verarbeiten. Die Crunch-Schoko-Creme obendrauf verteilen und mit Heidelbeeren belegen.

Topfentorte

FÜR 1 TORTENFORM (26 cm)

Für den Boden

210 g Mehl
40 g Chia-Mehl
1 EL Chia-Samen
1 Ei
120 g Kokosfett
50 g Birkenzucker
1 Prise Salz

Für den Belag

1 kg Magertopfen (Magerquark)
90 g Mehl
150 g Birkenzucker
10 g Honig
5 Eier, getrennt
250 ml Milch
130 g Butter, geschmolzen

ZUBEREITUNG

1 Für den Boden die Zutaten zu einem Mürbeteig verkneten. Eine Form mit Backpapier auslegen und den Teig einfüllen.
2 Backofen auf 180 °C Ober- und Unterhitze vorheizen.
3 Für den Belag das Eigelb mit den übrigen Zutaten vermengen. Das Eiweiß steif schlagen und vorsichtig unter die Topfenmasse heben. Den Belag in der Form auf den Teig verteilen.
4 Den Kuchen im heißen Backofen ca. 1 Stunde backen, bis er an der Oberfläche goldbraun ist.
5 Für die Sauce die Beeren und die Chia-Samen pürieren und mit Honig abschmecken.
6 Den Kuchen abkühlen lassen und mit der Sauce servieren.

Tipp

Eine beerige Sauce schmeckt zu der Topfentorte ganz besonders gut. Dazu 150 g Beeren nach Wahl mit dem Stabmixer pürieren. 2 EL Chia-Samen einrühren, ev. mit Honig abschmecken und 20 Minuten in den Kühlschrank geben – öfters umrühren. Als Spiegel zur Torte servieren.

Joghurtmuffins

FÜR 18 STÜCK

150 g zarte Haferflocken
65 g Walnüsse, gehackt
2 TL Backpulver
1/4 TL Natron
2 TL Chia-Samen
2 Eier
1 Eiweiß
60 ml Ziegenmilchjoghurt
500 ml Apfelsaft
4 TL Kokosnussöl
1 1/2 TL Zimtpulver
1/2 TL Vanilleextrakt
75 ml Honig
2 große Äpfel, geraspelt
2 reife Bananen, zerdrückt

ZUBEREITUNG

1 Backofen auf 180 °C Ober- und Unterhitze vorheizen.
2 Die Haferflocken mehlfein mahlen. Walnüsse zugeben und weitermahlen. Die Mehle mit Backpulver, Natron und Chia-Samen mischen.
3 In einer anderen Schüssel die Eier und das Eiweiß leicht aufschlagen und Joghurt sowie Apfelsaft unterrühren.
4 In einem Topf Kokosnussöl, Zimt, Vanilleextrakt und Honig vorsichtig erhitzen, bis die Masse sirupartig wird. Mit der Eimasse vermengen und alles zum Haferflockenmix in die große Schüssel geben.
5 Äpfel und Bananen vorsichtig unterheben. Die Masse auf Muffinförmchen verteilen und ca. 40 Minuten backen. Mit Zimt bestauben.

Saftige Brownies

FÜR 1 KUCHENBLECH

100 g Zucchini, geschält und gerieben

80 g Ribiselmarmelade (Johannisbeermarmelade)

270 ml Wasser

1 TL Vanillezucker

3 EL Chia-Samen

115 ml Sonnenblumenöl

60 g Kakaopulver

150 g Roggenvollkornmehl

1/2 TL Salz

1/2 TL Backpulver

130 g Vollrohrzucker

1 Handvoll Ribiseln (Johannisbeeren)

100 g vegane weiße Kuvertüre

ev. einige Blüten zum Verzieren

ZUBEREITUNG

1 Zucchini, Marmelade, Wasser, Vanillezucker, Chia-Samen und Sonnenblumenöl miteinander vermischen, bis diese Zutaten zu einer zähen Gelmasse geworden sind. Etwa 10 Minuten quellen lassen.

2 Backofen auf 180 °C Ober- und Unterhitze vorheizen.

3 In einer zweiten Schüssel Kakaopulver, Mehl, Salz, Backpulver und Zucker gut durchmischen. Diese Zutaten zur Gelmasse geben und mit einem Handmixer gut rühren, bis ein schöner, nicht ganz flüssiger Teig entsteht (wenn der Teig zu flüssig ist, ein bisschen Mehl unterrühren).

4 Den Teig in eine Brownieform (oder auf ein mit Backpapier ausgelegtes Blech) geben. Die entstielten Ribiseln auf dem Teig verteilen. Den Kuchen etwa 35–40 Minuten backen und auskühlen lassen.

5 Die weiße Kuvertüre im Wasserbad schmelzen und mit einem Löffel über dem Kuchen verteilen. Mit Ribiselreben garnieren.

Rezeptregister

A
Ayurvedischer Haferbrei 16

B
Bananenpudding 42
Beereneis 45
Beerentraum 36
Brombeerfrühstück 18
Bubble Tea 26

C
Cashew-Smoothie 28
Chia-Chai-Pudding 41
Chia Colada 33
Chia Fresca 24
Chia-Müsli 16
Chia-Törtchen 57
Cookie-Pudding 40

E
Energygel für Läufer 28
Erdbeershake 32
Erdnuss-Cookies 53

F
Frische Mangomarmelade 20
Fruchtige Nussriegel 49
Frühstück mit Schlag 22
Frühstücksbrei 15

G
Gesunder Brotaufstrich 19
Granatapfeldessert 44
Grüne-Reste-Smoothie 27

H
Haferplätzchen 50
Haselnusspudding 36
Heidelbeersmoothie 30
Hibiskus-Bowle 26

J
Joghurtmuffins 60

K
Karottentrunk 30
Kirschparfait 46

L
Limettenmilch-Oats 14

M
Mandel-Grapefruit-Shake 32
Mango-Kokosnuss-Pudding 38
Matcha-Chia-Pudding 37
Matcha-Oats 14
Milchreisschnitten 52
Mohnparfait 45

P

Peach-Jam mit Schwips 20
Power-Shake 31
Powersportriegel 48

R

Ruckzuck-Marmelade 19

S

Saftige Brownies 61
Schoko-Cookies 56
Schoko-Kokos-Plätzchen 56
Schokopudding 41
Supersmoothie 27
Super-Sportler-Shake 34
Süßer Brotaufstrich 18

T

Topfentorte 58
Trauben-Drink 24

W

Winterpudding 42

Z

Zitronenmuffins 54

© Alexander Braune

DIE AUTORIN:

Tanja Braune ist Gesundheitsjournalistin und Ernährungsexpertin. Ihre Kochbücher machen stets eine gesunde, schmackhafte, äußerst vielseitige und dabei wirklich schnelle und praktische Küche möglich.

Bildnachweis:
Cover: Shutterstock
Fotolia.com: S. 4, 5, 49, 51, 53
Istockphoto.com: S. 7, 11, 23, 31, 59
Dreamstime.com: S. 13, 15, 17, 21, 25, 29, 37, 43, 44, 47, 55, 60
Shutterstock: S. 2, 9, 33, 35, 39

ISBN 978-3-7088-0710-2

kneipp verlag
WIEN

©by Verlagsgruppe Styria GmbH & Co KG 2017
A-1010 Wien, Lobkowitzplatz 1
www.kneippverlag.com

Lektorat: Marion Mauthe
Cover und Grafik: Bruno Wegscheider
Herstellung: Motto Verlagsservice, Wien
Druck und Bindung: Neografia

Printed in the EU

7 6 5 4 3 2 1

Alle Inhalte sind urheberrechtlich geschützt.